ORDONNANCE DU ROI,

SUR L'EXERCICE

DE LA

CAVALERIE.

Du 22 Juin 1755.

A PARIS,

DE L'IMPRIMERIE ROYALE.

M. DCCLV.

TABLE DES TITRES

CONTENUS

DANS L'ORDONNANCE DU ROI,

SUR L'EXERCICE DE LA CAVALERIE.

Du 22 Juin 1755.

ORDONNANCE

ORDONNANCE
DU ROI,

Sur l'Exercice de la Cavalerie.

Du 22 Juin 1755.

DE PAR LE ROI.

A MAJESTÉ s'étant fait repré-
senter les différentes Instructions
qu'Elle a fait rendre ci-devant pour
régler l'Exercice de sa Cavalerie, &
les observations auxquelles elles ont donné lieu; Et
voulant décider définitivement tout ce qui a rapport
à cet objet, Elle a ordonné & ordonne ce qui suit.

DES
OBLIGATIONS DES OFFICIERS,
Et de la manière dont ils doivent faluer.

Les Officiers feront tenus de s'inftruire de ce qu'ils doivent commander aux Cavaliers.

Pour cet effet, les Commandans des corps tiendront la main à ce que non feulement les Officiers majors, mais auffi ceux des compagnies & les Maréchaux-des-logis, fe mettent au fait de tout ce qui a rapport au maniement des armes & aux manœuvres, de manière qu'ils le fachent affez bien exécuter pour pouvoir l'apprendre à leur troupe.

Les nouveaux Officiers qui feront reçûs à leurs emplois, ne pourront faire de fervice qu'après que leur capacité à cet égard aura été reconnue par l'épreuve qui en fera faite en préfence du Commandant du régiment, dont ils feront tenus de rapporter un certificat au Commandant de la place où le régiment fera en garnifon, lequel l'enverra au Secrétaire d'Etat ayant le département de la guerre.

Quand les régimens feront raffemblés, ceux qui les commanderont feront commander devant eux à chaque compagnie, par leurs Officiers particuliers, les différens maniemens des armes & les manœuvres indiquées pour une compagnie, afin de s'affurer que ces Officiers foient en état de bien inftruire leurs compagnies lorfqu'elles feront féparées.

Ils leur feront auffi commander toutes les manœuvres indiquées pour un détachement.

Les Officiers mettront le fabre à la main, le porteront

& le remettront en même temps & de la même manière que les Cavaliers.

Quand ils devront faluer de cette arme, ils le feront en cinq temps, foit de pied ferme ou en marchant.

Au premier, lorfque la perfonne qu'on doit faluer fera à cinq pas de diftance, on tournera le tranchant du fabre à gauche, prenant la poignée à pleine main & étendant le pouce jufqu'à la garde, & on élèvera le fabre tout de fuite perpendiculaire, la pointe en haut, la garde à hauteur & à un pied de diftance de la cravatte, le coude un demi-pied plus bas que le poignet.

Au deuxième, à trois pas de diftance, on étendra le bras pour placer la main au deffous du milieu de la poche de l'habit étant boutonné, & on baiffera la pointe du fabre à la hauteur du poignet, obfervant que la lame foit parallèle au corps du cheval.

Au troifième, à un pas de diftance, élevant un peu le poignet & le tournant en dehors, on baiffera la pointe du fabre fort doucement, & autant qu'il fera poffible, fans forcer le poignet, tenant toûjours la lame parallèle au corps du cheval, & l'on reftera dans la même pofition jufqu'à ce que la perfonne que l'on falue foit éloignée de deux pas.

Au quatrième, baiffant le pouce pour contenir la poignée, on relevera le fabre la pointe en haut, le tenant perpendiculaire, la garde vis-à-vis & à fix pouces de diftance du teton droit, le coude à hauteur du poignet.

Au cinquième, on portera le fabre à l'épaule, comme il eft prefcrit pour les Cavaliers.

Quand les Officiers devront faluer de pied ferme, ils feront le falut l'un après l'autre, obfervant de garder les diftances ci-deffus indiquées, de manière que la pointe du fabre foit baffe au moment du paffage de la perfonne que l'on falue.

Tous les Officiers qui feront à la tête d'une même troupe, falueront enfemble en marchant, réglant leurs mouvemens fur ceux de l'Officier qui commandera cette troupe.

DE L'ECOLE DU CAVALIER.

LA première inftruction à donner à un Cavalier, eft de lui apprendre à connoître fon cheval & toutes les parties de fon équipement, ainfi que leur ufage, afin qu'il fache le brider, le gourmer, le feller & le harnacher de tout point, & la manière dont il doit le charger.

Enfuite on le fera monter à cheval & on l'y placera; on l'inftruira comment il doit tenir fa bride & s'en fervir pour conduire fon cheval, de la manière de porter fes étriers, de la longueur dont les étrivières doivent être, & de l'ufage qu'il doit faire de fes jambes & de fes éperons. Enfin on le fera trotter pour lui faire trouver le fond de la felle, & lui donner plus de fermeté à cheval; le tout ainfi qu'il fera détaillé dans une inftruction particulière que Sa Majefté fe propofe de donner inceffamment.

En même temps qu'on occupera les Cavaliers à ces premières inftructions, on les exercera un à un, ou deux à deux tout au plus, aux différens maniemens des armes, d'abord à pied, enfuite à cheval, leur en montrant tous les principes.

Les Maréchaux-des-logis feront principalement chargés de ce foin à l'égard des Cavaliers de recrue, qui feront cependant exercés très-fouvent par leurs Officiers, foit dans les garnifons ou dans les quartiers, & que l'Aide-major raffemblera quand le régiment fe trouvera réuni, pour leur faire répéter ces exercices.

Lorfque les Cavaliers auront été inftruits chacun en particulier au maniement des armes, tant à pied qu'à cheval, & affermis dans les principes de l'équitation, on les réunira au nombre de vingt-quatre par compagnie pour les exercer enfemble.

Soit que les régimens foient affemblés ou que les

compagnies

compagnies foient féparées, on les exercera au moins deux fois la femaine à cheval, & une fois à pied, tant en été qu'en hiver. Celles qui feront dans le plat pays feront exercées tous les jours pendant le temps de leur affemblée.

DU MANIEMENT DES ARMES
A PIED.

LES Cavaliers fe formeront fur un feul rang pour faire le maniement des armes à pied, foit qu'on les exerce par compagnie ou par régiment.

Le Capitaine & le Lieutenant fe placeront un pas en avant des Cavaliers, le premier vis-à-vis le tiers de la droite du front de la compagnie, le fecond vis-à-vis le tiers de la gauche.

Lorfque le Capitaine fera feul, il fe placera vis-à-vis le centre de fa compagnie, & s'il y avoit deux Officiers avec lui, celui qui feroit fupérieur en grade, ou le plus ancien à grade égal, fe placera à fa droite & l'autre à fa gauche vis-à-vis le tiers du front de la compagnie.

L'ordre des droites & des gauches fera inverti dans les compagnies qui feront formées par la gauche.

Le Maréchal-des-logis fe tiendra trois pas en arrière du centre de la compagnie.

Les Trompettes feront fur un feul rang à la droite de leur efcadron, & à la gauche de celui qui fermera la gauche du régiment: le Timbalier fera un pas en avant du centre de ceux de fon efcadron.

Les Cavaliers feront ferrés de manière que les coudes fe touchent fans fe gêner, les deux talons fur une même ligne, féparés d'environ deux pouces, les épaules effacées, la poitrine en avant, le corps droit & bien à plomb, le moufqueton dans la main gauche, les trois derniers doigts fous le talon de la croffe, le premier doigt fur la vis, & le pouce en deffus, le canon en dehors, la foûgarde quatre pouces au deffous du défaut de l'épaule, le coude gauche près du corps, la main droite pendante fur le côté, la tête haute, tournée fur la droite pour partir en même temps que le Cavalier de fa droite, excepté celui qui fermera la droite du rang, lequel devra regarder attentivement le major ou autre Officier qui commandera l'exercice, pour partir immédiatement après le dernier mot du commandement.

Ils obferveront tous de mettre une feconde entre l'exécution de chaque temps des commandemens qui en ont plufieurs.

Celui qui commandera l'exercice mettra deux fecondes de repos entre la fin de l'exécution d'un commandement & le commencement du fuivant; & ce même intervalle fera obfervé par les Cavaliers quand ils feront le maniement des armes à la muette.

Pour mettre toute la précifion poffible dans ces différens repos, on accoûtumera les Cavaliers à compter *un, deux,* dans le temps d'une feconde, & à répéter cette formule autant de fois qu'ils auront de fecondes à attendre pour exécuter les mouvemens, fans faire avancer de Cavalier hors du rang pour leur fervir de modèle.

Quant à l'exécution des mouvemens, on aura attention que les Cavaliers y emploient la plus grande vivacité, paffant toûjours leurs armes le plus près du corps qu'il fera poffible, & qu'à la fin de chaque temps il y ait une ceffation totale de mouvement.

Le Major ou autre Officier qui devra commander l'exercice, commencera par faire ceux des commandemens de l'infpection à pied ci-après qui feront néceffaires, pour vérifier fi les armes ne font point chargées; après quoi il fera cet avertiffement:

Prenez garde à vous, on va faire. le maniement des armes.

A cet avertissement, tous les Officiers & Maréchaux-des-logis mettront le sabre à la main, & le porteront contre l'épaule droite.

Le Major fera ensuite sonner un appel par les Trompettes; alors les Officiers & Maréchaux-des-logis ôteront ensemble le chapeau de la main gauche: les Officiers partant du pied gauche, & conservant leur alignement & leurs distances, se porteront en avant de la troupe, & feront halte quand ils auront dépassé le Major de quatre pas; les Maréchaux-des-logis feront demi-tour à droite, & se porteront douze pas en arrière de l'escadron.

A la fin du second appel qui sera ordonné par le Major, les Officiers & les Maréchaux-des-logis feront face à la troupe par un demi-tour à droite, & remettront leur chapeau, observant que tous ces mouvemens se fassent ensemble, & ils continueront de porter leur sabre pendant tout le temps de l'exercice.

Personne ne parlera que le Major, pas même pour reprendre les Cavaliers qui seroient en faute; & si un Cavalier laisse tomber sa baguette ou son chapeau en quelque temps de l'exercice que ce soit, il ne le ramassera pas, & il attendra que le Major ordonne à un Maréchal-des-logis de le faire.

C O M M A N D E M E N S.

1. *A droite.*

2. *A gauche.*

Ces deux commandemens s'exécuteront chacun en un temps, en tournant sur le talon gauche & portant le droit sur la même ligne, ayant attention de garder toûjours l'intervalle de deux pouces entre les deux talons, de ne point laisser chanceler le corps ni les armes, de ne tourner ni

trop ni trop peu, & d'exécuter les mouvemens brufquement fans fauter.

3. *Demi-tour à droite.*

4. *Demi-tour à droite.*

Ces deux commandemens s'exécuteront chacun en trois
temps.

Au premier, on portera le pied droit derrière le gauche,
les deux talons à quatre pouces de diftance l'un de l'autre.

Au deuxième, on tournera fur les deux talons par la
droite jufqu'à ce que l'on faffe face du côté oppofé.

Au troifième, on reportera le pied droit à côté du
gauche fans frapper.

5. *Haut le moufqueton.*

En deux temps. Au premier, on portera la main droite
fous la platine fans mouvoir le moufqueton.

Au deuxième, en retournant le moufqueton, on le portera devant foi entre les deux yeux, le canon en dedans,
la main droite embraffant la poignée près de la foûgarde;
on faifira en même temps le moufqueton de la main gauche, le tenant à la hauteur de la cravatte près de l'extrémité fupérieure de la platine, le pouce alongé le long du
bois, le bas de la croffe appuyé contre le ventre.

6. *Apprêtez le moufqueton.*

En un temps: on armera le moufqueton en mettant
le pouce fur le chien, & paffant le pied droit à trois pouces
en équerre derrière le gauche, tournant fur le talon gauche, & effaçant le corps à droite.

7. *En joue.*

En un temps : on appuiera la croffe à l'épaule droite,
le coude droit ferré, ajuftant devant foi, plaçant le premier
doigt dans la foûgarde & le pouce fur la poignée.

8. *Feu.*

En un temps : on appuiera avec force le premier doigt
fur la détente, fans baiffer la tête ni faire aucun autre mouvement; & auffi-tôt après on retirera les armes vivement,

le

le petit doigt & les trois autres doigts de la main gauche reſtant toûjours appuyés à l'extremité ſupérieure de la platine, le pouce gauche paſſant ſur le canon, la croſſe ſous le bras droit, le bout du canon plus élevé d'un pied & demi que le baſſinet, la platine vis-à-vis la poitrine, la ſoûgarde un peu en dehors & au deſſous du teton droit, le coude gauche collé au corps, ~~les deux premiers doigts~~ & le pouce de la main droite ſur le chien prêt à le mettre en ſon repos.

9. *Mettez le chien en ſon repos.*

En un temps : on relevera le chien avec le pouce & le premier doigt, juſqu'à ce qu'il s'arrête dans le cran du repos ; & tout de ſuite on remettra la main droite appuyée contre la poignée du mouſqueton.

10. *Prenez la cartouche.*

En un temps : on portera bruſquement la main au porte-cartouche pour en tirer la cartouche.

11. *Déchirez-la avec les dents.*

En deux temps : au premier, on portera la cartouche à la bouche pour la déchirer.

Au deuxième, on la portera bruſquement près du baſſinet.

12. *Amorcez.*

En un temps, tenant la cartouche des deux premiers doigts, le pouce ſur l'ouverture, on remplira le baſſinet de poudre, & à la fin du temps on portera la main droite derrière la batterie.

13. *Fermez le baſſinet.*

En un temps, on fermera le baſſinet avec les deux derniers doigts, tenant toûjours la cartouche des deux premiers doigts, & on repoſera la main droite derrière la platine, ſaiſiſſant la poignée entre les deux derniers doigts & la paume de la main.

14. *Paſſez le mouſqueton du côté de l'épée.*

En deux temps : au premier, on fera à gauche en portant le pied droit en avant, le talon à la hauteur de la boucle du pied gauche, & on paſſera le mouſqueton perpendiculairement entre la tête & l'épaule gauche, le canon en dehors, faiſant gliſſer la main gauche, le pouce alongé juſqu'à l'anneau de la grenadière à la hauteur de la cravatte.

Au deuxième, en quittant le mouſqueton de la main droite, & ſans déplacer la main gauche, on baiſſera le mouſqueton, le bras gauche tendu, & on portera en même temps la main droite au bout du canon pour le ſaiſir avec les deux derniers doigts.

15. *Mettez la cartouche dans le canon.*

En un temps: on mettra la cartouche dans le canon, & on ſaiſira en même temps la baguette avec le pouce & le premier doigt de la main droite, plaçant le pouce alongé le long du gros bout de la baguette, le premier doigt plié & le coude près du corps.

16. *Tirez la baguette.*

En un temps: on chaſſera la baguette à moitié hors des tenons en alongeant le bras droit bruſquement de toute ſa longueur; puis renverſant la main on empoignera la baguette près du bout du canon; & achevant de la tirer par un ſecond mouvement de bras très-prompt, on la fera tourner, le bras droit tendu, pour la porter ſur le ceinturon, & on fera gliſſer auſſi-tôt la main droite à quatre doigts du gros bout, tenant la baguette parallèle au canon.

17. *Bourrez.*

En un temps: on portera la baguette bruſquement de biais au bout du canon, dans lequel on la chaſſera vivement, & on la retirera de même pour la reporter par le petit bout ſur le ceinturon, gliſſant la main à environ ſix pouces de l'extrémité.

18. *Remettez la baguette en ſon lieu.*

En un temps: on fera entrer la baguette dans le tenon juſqu'à ce que la main touche le bout du canon, & déployant enſuite le bras, on la pouſſera avec force pour la faire entrer d'un ſeul mouvement qui ramènera la main droite au bout du mouſqueton, qu'elle empoignera tout de ſuite.

19. *Portez le mousqueton.*

En trois temps : au premier, quittant le mousqueton de la main droite, on l'élèvera devant soi de la main gauche, la portant à la hauteur du menton entre la tête & l'épaule gauche, & on le saisira de la main droite à la poignée.

Au deuxième, faisant face en tête & frappant du pied droit pour le ramener sur la même ligne que le gauche, on élèvera un peu le mousqueton de la main droite pour que la main gauche vienne se placer à la crosse, les trois derniers doigts sous le talon, le premier doigt sur la vis, & le pouce au dessus.

Au troisième, on attirera avec la main gauche le mousqueton près du corps, pour le placer comme il est dit à la première position sous les armes, & la main droite tombera pendante sur le côté.

20. *Présentez le mousqueton.*

En trois temps : les deux premiers comme au cinquième commandement.

Au troisième, en retirant le pied droit en équerre à deux pouces derrière le gauche, & faisant toûjours face en tête, on abaissera le mousqueton à plomb vis-à-vis l'œil gauche, la baguette en avant, le bras droit étendu dans toute sa longueur, & l'avant-bras gauche collé au corps : les mains ne changeront point de situation, on abaissera seulement le pouce de la main gauche derrière le canon.

21. *Portez le mousqueton.*

En deux temps : au premier, en frappant du pied droit & le plaçant à côté du gauche, on relèvera le mousqueton de la main droite, tournant le canon en dehors, & on placera la main gauche à la crosse, comme il est prescrit au second temps du dix-neuvième commandement.

Au deuxième, comme il est dit au troisième temps du dix-neuvième commandement.

22. *Passez la platine sous le bras gauche.*

En quatre temps : au premier, on portera la main droite à la poignée.

Au deuxième, on portera le mousqueton de la main droite vis-à-vis l'épaule gauche, le canon en dehors, plaçant la main gauche au deſſous du porte-baguette d'en bas.

Au troiſième, on paſſera la platine ſous le bras gauche, la main droite accompagnant le mouſqueton.

Au quatrième, on portera bruſquement la main droite ſur le côté.

23. *Portez le mouſqueton.*

En trois temps : au premier, on reportera le mouſqueton devant ſoi de la main gauche, en le relevant & le ſaiſiſſant en même temps de la main droite à la poignée, le pouce le long du revers de la platine, le canon en dehors, la main gauche à la hauteur du menton.

Au deuxième, on portera la main gauche à la croſſe.

Au troiſième, comme au troiſième du dix-neuvième commandement.

24. *Renverſez le mouſqueton.*

En cinq temps : les deux premiers comme au cinquième commandement.

Au troiſième, en retournant la main gauche & alongeant le bras on renverſera le mouſqueton le bout du canon en avant, la croſſe paſſant entre le bras droit & le corps, on le tiendra le canon en dehors & la croſſe à la hauteur de la bouche, & on l'empoignera tout de ſuite de la main droite à la poignée.

Au quatrième, on paſſera le mouſqueton renverſé ſous le bras gauche, gliſſant la main gauche le long du canon, de façon que la croſſe ſoit appuyée à l'épaule.

Au cinquième, on portera bruſquement la main droite pendante ſur le côté.

25. *Portez le mouſqueton.*

En quatre temps : au premier, on reportera le mouſqueton en avant de la main gauche, & on joindra tout de ſuite la main droite à la poignée, la croſſe à la hauteur de la cravatte.

Au deuxième, la main gauche ſe renverſera & retournera bruſquement le mouſqueton le bout du canon en avant, pour le placer dans la poſition preſcrite au deuxième temps du cinquième commandement.

Au troiſième, on le poſera vis-à-vis l'épaule gauche, la main gauche ſe plaçant à la croſſe.

Au

Au quatrième, comme au troifième du dix-neuvième commandement.

26. *Portez le moufqueton au bras.*

En trois temps : au premier, on portera la main droite à la poignée.

Au deuxième, la main gauche quittant la croffe, fe placera dans l'habit fur la poitrine, & on appuyera le chien fur l'avant-bras gauche fans détacher l'arme de l'épaule.

Au troifième, on laiffera tomber la main droite pendante.

27. *Portez le moufqueton.*

En trois temps : au premier, on portera la main droite à la poignée du moufqueton.

Au deuxième, la main gauche fe placera à la croffe, & tiendra le moufqueton dans la pofition ordinaire.

Au troifième, la main droite tombera pendante.

28. *Repofez-vous fur le moufqueton.*

En quatre temps : au premier & au deuxième, comme aux deux premiers du cinquième commandement.

Au troifième, portant le moufqueton de la main gauche au côté droit, on l'empoignera de la main droite à la hau-teur du chapeau, le tenant à plomb, la foûgarde en dehors.

Au quatrième, on laiffera tomber le moufqueton à la droite de la pointe du pied droit, la foûgarde en avant, obfervant de lever le pied en même temps que le mouf-queton arrivera à terre, & de le replacer auffi-tôt en frappant, & la main gauche reftera pendante fur le côté.

29. *Pofez le moufqueton à terre.*

En quatre temps : au premier, en même temps qu'on tournera le moufqueton le canon vers le corps, on tour-nera fur le talon gauche à droite, on placera le pied droit derrière la croffe du moufqueton, & on mettra la main gauche derrière le dos pour faifir la bretelle du porte-car-touche.

Au deuxième, laiffant couler la main droite jufqu'à la grenadière, on fera un pas de deux pieds en avant du pied gauche, & en courbant le corps brufquement l'on couchera le moufqueton par terre la platine en deffus.

Au troifième, on fe relevera en retirant le pied gauche, & tenant le bras droit pendant.

Au quatrième, on tournera fur le talon gauche pour faire face en tête, le pied droit fe replaçant à côté du gauche; & la main gauche, quittant la bretelle du porte-cartouche, tombera pendante fur le côté.

30. *Reprenez le Moufqueton.*

En quatre temps: au premier, on tournera à droite fur le talon gauche, on placera le pied droit derrière la croffe du moufqueton, & la main gauche faifira en même temps la bretelle du porte-cartouche.

Au deuxième, on fera un pas de deux pieds en avant du pied gauche, fe courbant pour reprendre le moufqueton à l'anneau de la grenadière.

Au troifième, on fe relèvera tenant le moufqueton à côté de foi, le canon vers le corps, la main droite à l'anneau de la grenadière.

Au quatrième, fans déplacer la main droite, retournant le moufqueton, la foûgarde en dehors, la main gauche tombera pendante, & on tournera à gauche en ramenant le pied droit à fa place.

31. *Portez le moufqueton.*

En quatre temps: au premier, on élevera le moufqueton de la main droite, en le rapprochant du corps, & la main gauche le faifira au deffus de la platine.

Au deuxième, on le ramènera devant foi de la main gauche à la hauteur de la cravatte, la main droite le faififfant fous la platine.

Au troifième & au quatrième, comme au troifième & au quatrième du vingt-cinquième commandement.

32. *Moufqueton à la grenadière.*

En quatre temps: au premier, on portera la main droite à la poignée.

Au deuxième, en faifant un à droite fur les deux talons, on portera le moufqueton en travers au deffus de la tête, la platine en deffus; on paffera tout de fuite la tête & le

bras droit entre la grenadière & le moufqueton qu'on laiffera tomber à droite, la main droite appuyée fur la croffe.

Au troifième, on pouffera la croffe en arrière de la
main droite, qu'on laiffera pendante ainfi que la main
gauche.

Au quatrième, on fe remettra par un à gauche fur les
deux talons.

33. *Préparez-vous à mettre le fabre à la main.*

En un temps, paffant le poignet de la main droite dans
le cordon, on faifira la poignée du fabre, & on dégagera
la lame du fourreau de quatre doigts.

34. *Sabre à la main.*

En un temps : on tirera vivement le fabre, & on le
portera à l'épaule droite, le dos de la lame appuyé contre
l'épaule, le poignet à la hauteur de la hanche.

35. *Remettez le fabre.*

En trois temps : au premier, on détachera le fabre de
l'épaule, tournant le tranchant de la lame à gauche, prenant
la poignée à pleine main, étendant le pouce jufqu'à la
garde ; & on élèvera le fabre tout de fuite perpendiculairement la pointe en haut, la garde à hauteur & à un
pied de diftance de la cravatte, le coude un demi-pied
plus bas que le poignet.

Au deuxième, on faifira le fourreau de la main gauche ;
& en renverfant la main droite & levant le coude, on fera
entrer la moitié de la lame dans le fourreau.

Au troifième, on enfoncera vivement la lame jufqu'à
la garde, laiffant tomber la main gauche & la droite pen-
dantes.

36. *Portez le moufqueton.*

En quatre temps : au premier, on fera un à droite fur
les deux talons, & on portera la main droite fur la croffe.

Au deuxième, on tirera le moufqueton en avant ; on
paffera tout de fuite le bras droit entre le corps & le moufqueton, qu'on faifira par deffous à la poignée ; on le paffera
en travers par deffus la tête, & on le portera vis-à-vis
l'épaule gauche, la main gauche fous la croffe.

Au troisième, on fera un à gauche sur les deux talons.

Au quatrième, comme au troisième du dix-neuvième commandement.

Le maniement des armes étant fini, le Major fera sonner un appel, après lequel les Officiers & les Maréchaux-des-logis ôtant le chapeau de la main gauche, partiront ensemble du pied gauche, marchant à même hauteur pour venir reprendre leurs places ; & après un second appel, les Officiers feront un demi-tour à droite, & remettront leur chapeau, ainsi que les Maréchaux-des-logis.

DU MANIEMENT DES ARMES
A CHEVAL.

Pour faire le maniement des armes à cheval ; si c'est par compagnie, les Cavaliers se rangeront sur un seul rang ; si c'est par escadron ou par régiment, on les fera mettre sur deux rangs.

Les Officiers feront à la tête de leur troupe dans le même ordre qui a été expliqué pour le maniement des armes à pied, observant de laisser entre leurs chevaux & ceux des Cavaliers du premier rang, le même espace que l'on doit garder entre les chevaux de chaque rang.

Les Commandans d'escadron se placeront au centre du rang des Officiers de leur escadron, qu'ils dépasseront d'une demi-longueur de cheval.

Les Cornettes ou autres Officiers qui porteront les étendards, se tiendront dans le rang à la gauche du cinquième Cavalier de la droite & de la gauche de leur escadron.

Les Maréchaux-des-logis feront en serre-file derrière le centre de leur compagnie, à trois pas de distance du dernier rang.

Les Trompettes feront sur le flanc de l'escadron, comme au maniement des armes à pied.

Les

Les Cavaliers d'un même rang s'aligneront enfemble, de manière que leurs épaules foient fur la même ligne; & ils fe tiendront ni trop ouverts ni trop ferrés, pour que les bottes fe touchent fans qu'ils fe preffent.

Quant à la diftance entre les rangs, elle fera d'un pas entre la croupe du cheval de devant, & la tête de celui qui le fuit.

On obfervera dans le maniement des armes à cheval, les mêmes repos & le même filence qui ont été prefcrits pour celui qui fe fait à pied.

Le Major après avoir fait les commandemens nécef-faires pour vérifier fi les armes ne font pas chargées, commencera par cet avertiffement :

Prenez garde à vous, on va faire le maniement des armes.

A cet avertiffement, tous les Officiers & Maréchaux-des-logis mettront le fabre à la main & le porteront à l'épaule droite.

Le Major fera enfuite fonner un appel, auquel tous les Officiers, à l'exception de ceux qui porteront les étendards, partiront pour fe porter en avant de la troupe, quatre pas au-delà du Major, & les Maréchaux-des-logis feront demi-tour à droite pour s'éloigner de douze pas du dernier rang de leur compagnie.

Après un fecond appel, les Officiers & les Maréchaux-des-logis feront face à la troupe par un demi-tour à droite, & refteront portant le fabre durant tout le temps de l'exercice.

C O M M A N D E M E N S.

1. *Ajuftez vos rênes.*

En deux temps : au premier, on prendra le bout des rênes par deffous le bouton avec le pouce & les deux

premiers doigts de la main droite, on les élevera devant
soi, en ouvrant un peu la main gauche, sans la déplacer,
pour les mettre à leur point.

Au deuxième, on laissera tomber le bout des rênes à
droite, & on portera la main droite sur la cuisse.

2. *Dégagez le mousqueton.*

En un temps: on saisira de la main gauche sans quitter
les rênes, le bout de la courroie du porte-crosse, & de la
main droite le côté de la boucle, & avec le premier doigt
de cette main on fera sortir l'ardillon; & le bout de la
courroie étant sorti de la boucle, la main gauche prendra
le côté de la boucle, & de la droite on empoignera le
mousqueton par la poignée.

On observera que les Carabiniers doivent porter leur
carabine, comme les Cavaliers leur mousqueton.

3. *Haut le mousqueton.*

En un temps : on élevera le mousqueton & on le portera
la crosse sur la cuisse, le bout haut en avant.

4. *Accrochez le mousqueton.*

En trois temps: au premier, on baissera le mousqueton
sur la main gauche, dont on l'empoignera, le tournant, le
bout un peu élevé, vers l'oreille gauche du cheval.

Au deuxième, on prendra de la main droite le porte-
mousqueton à la bandoulière, on y accrochera le mousqueton par l'anneau roulant, & tout de suite on reprendra
le mousqueton de la main droite à la poignée.

Au troisième, comme au troisième commandement.

5. *Apprêtez le mousqueton.*

En un temps : on armera le mousqueton de la main
droite seule, en tirant le chien en arrière, jusqu'à ce qu'on
l'ait entendu le loger dans le cran.

6. *En joue.*

En un temps : on portera de la main droite la crosse
du mousqueton à l'épaule droite, & pour soûtenir le mousqueton on avancera la main gauche vers la tête du cheval,
sans alonger les rênes.

7. *Feu.*

En deux temps : au premier, on appuyera avec force le premier doigt fur la détente, fans baiffer la tête, ni faire aucun autre mouvement.

Au deuxième, on laiffera tomber le moufqueton horizontalement ou armes plates fur la main gauche, dont on le faifira près de la partie fupérieure de la platine, le pouce gauche alongé le long du bois, le pouce droit fur le chien.

8. *Mettez le chien en fon repos.*

En un temps, comme au neuvième commandement à pied.

9. *Prenez la cartouche.*

En un temps : le moufqueton étant appuyé fur le pommeau de la felle, on portera la main droite brufquement au porte-cartouche pour en tirer la cartouche.

10. *Déchirez-la avec les dents.*

En deux temps, comme au onzième commandement à pied.

11. *Amorcez.*

En un temps, comme au douzième commandement à pied.

12. *Fermez le baffinet.*

En un temps, comme au treizième commandement à pied.

13. *Paffez le moufqueton du côté de l'épée.*

En un temps : levant le moufqueton de la main gauche, & tournant la baguette du côté du corps, on pouffera la croffe des deux derniers doigts de la main droite pour la faire paffer à gauche entre la fonte & l'épaule du cheval.

14. *Mettez la cartouche dans le canon.*

En un temps, comme au quinzième commandement à pied.

15. *Tirez la baguette.*

En un temps, comme au seizième commandement à pied.

16. *Bourrez.*

En un temps, comme au dix-septième commandement à pied.

17. *Remettez la baguette.*

En un temps, comme au dix-huitième commandement à pied.

18. *Haut le mousqueton.*

En deux temps : au premier, on relevera de la main gauche le mousqueton, & de la droite on le saisira à la poignée.

Au deuxième, en le levant on portera la crosse sur le plat de la cuisse, en quittant le mousqueton de la main gauche qui restera occupée à tenir la bride.

19. *Laissez tomber le mousqueton.*

En un temps : on portera doucement le bout du mousqueton en bas, & on le laissera pendre à la bandoulière.

20. *Ajustez vos rênes.*

En deux temps, comme au premier commandement.

21. *Pistolet à la main.*

En deux temps : au premier, on portera la main droite sur la crosse du pistolet de la gauche, passant par dessus les rênes & la main gauche.

Au deuxième, on le tirera de la fonte, & on le portera sur la main gauche dont on l'empoignera, le bout un peu élevé en avant vers l'oreille gauche du cheval ; & on mettra le pouce de la main droite sur le chien, & le premier doigt devant la détente.

22. *Apprêtez le pistolet.*

En deux temps : au premier, on armera le pistolet de la
main

main droite, le tenant toûjours de la gauche par le milieu du canon.

Au deuxième, on l'élèvera, le bout en haut, le bras demi-tendu, le poignet à la hauteur de l'œil droit, la foûgarde en avant.

23. *En joue.*

En un temps: en alongeant le bras, on visera le long du canon, tenant la foûgarde en dessous, & le bout du pistolet directement devant soi plus bas que le poignet.

24. *Feu.*

En trois temps: au premier, on tirera la détente.

Au deuxième, on reportera le pistolet sur la main gauche, on relevera le chien du pouce & du premier doigt de la main droite pour le mettre en son repos, & on ramènera tout de suite la batterie avec les deux premiers doigts.

Au troisième, on remettra le pistolet dans la fonte, & on reportera tout de suite la main droite sur la cuisse droite.

25. *Pistolet à la main.*

En deux temps: au premier, on portera la main droite sur le pistolet droit, les doigts entre la crosse & la selle, les ongles & le pouce en dessus de la crosse.

Au deuxième, on le tirera de la fonte, & on le portera sur la main gauche dont on l'empoignera, le bout un peu élevé en avant vers l'oreille gauche du cheval, on mettra le pouce de la main droite sur le chien & le premier doigt devant la détente.

26. *Apprêtez le pistolet.*

En deux temps, comme au vingt-deuxième commandement.

27. *En joue.*

En un temps, comme au vingt-troisième commande-dement.

f

28. *Feu.*

En trois temps, comme au vingt-quatrième commandement.

29. *Préparez-vous pour mettre le sabre à la main.*

En un temps : portant la main droite par dessus la gauche & les rênes, on passera le poignet dans le cordon, & on prendra le sabre à la poignée, dégageant un peu la lame de dedans le fourreau.

30. *Sabre à la main.*

En un temps, comme au trente-quatrième commandement à pied.

31. *Remettez le sabre.*

En trois temps, comme au trente-cinquième commandement à pied, sans quitter les rênes.

32. *Ajustez vos rênes.*

En deux temps, comme au premier commandement.

33. *Haut le mousqueton.*

En un temps : on le prendra avec la main droite à la poignée, & on le portera sur la cuisse le bout en haut.

34. *Décrochez le mousqueton.*

En deux temps : au premier, on abaissera le mousqueton avec la main droite sur la main gauche, dont on l'empoignera, tournant le bout un peu élevé vers l'oreille gauche du cheval, & de la droite on décrochera le mousqueton.

Au deuxième, on fera haut le mousqueton.

35. *Mousqueton à la grenadière.*

En deux temps : au premier, on portera le mousqueton en travers au dessus de la tête, la platine en dessus ; on passera tout de suite la tête & le bras droit entre la grenadière & le mousqueton qu'on laissera tomber à droite, la main droite appuyée sur la crosse.

Au deuxième, on pouffera la croffe en arrière de la main droite, qu'on laiffera pendante fur la cuiffe.

36. *Haut le moufqueton.*

En un temps : on prendra avec la main droite la croffe du moufqueton, pour le tirer en avant, on paffera tout de fuite la main & le bras droit entre le corps & le moufqueton ; on le faifira par deffous à la poignée ; on le paffera en travers par deffus la tête ; & on le portera, la croffe fur la cuiffe, le bout haut en avant.

37. *Remettez le moufqueton en fon lieu.*

En deux temps : au premier, tenant le moufqueton à la poignée, on l'élèvera de la main droite à la hauteur de la cravatte.

Au deuxième, on remettra le bout du moufqueton dans fa botte ; on engagera la croffe dans la courroie, comme on l'en a dégagée, & on bouclera la courroie.

38. *Ajuftez vos rênes.*

En deux temps, comme au premier commandement.

Le maniement des armes étant fini, le Major fera fonner un appel, à la fin duquel les Officiers & Maréchaux-des-logis fe mettront en mouvement pour retourner à leurs places : lorfque les Officiers feront à dix pas du front de la troupe, ils falueront de l'épée les étendards, & étant enfuite arrivés à leurs places, ils fe remettront par un demi-tour à droite, obfervant de faire tous ces mouvemens enfemble avec précifion.

DE L'INSPECTION A PIED.

LES Cavaliers qui auront été commandés à pied, étant arrivés au lieu du rendez-vous, s'y mettront en bataille fur un rang, comme il eft dit au maniement des armes à pied, ou fur plufieurs rangs, s'il eft ainfi ordonné ; & après que ceux qui en feront chargés auront examiné fi leurs armes & tout leur équipement font en bon état, on avertira qu'on va faire l'infpection, & auffi-tôt les

Officiers iront se placer sur la droite ou sur la gauche de leur troupe, selon qu'elle sera formée par la droite ou par la gauche.

Les Cavaliers placeront le porte-cartouche sur le devant de la hanche droite, & ils le découvriront de la main droite, en renversant les pattes & les mettant entre le corps & le porte-cartouche.

Après quoi on commandera :

1. *Passez le mousqueton du côté de l'épée.*

En trois temps : au premier, on portera la main droite à la poignée, sans remuer le mousqueton.

Au deuxième, en avançant le pied droit devant le pied gauche, & effaçant le corps un peu sur la gauche, on détachera le mousqueton de l'épaule pour le tenir droit, le canon en dehors, entre la tête & l'épaule gauche, & la main gauche le saisira à la hauteur du front, le bras droit étant étendu dans toute sa longueur.

Au troisième, comme au deuxième du quatorzième commandement du maniement des armes à pied.

2. *Mettez la baguette dans le canon.*

En trois temps : au premier, comme au seizième commandement du maniement des armes à pied.

Au deuxième, on portera la baguette de biais au bout du canon dans lequel on la laissera tomber.

Au troisième, on laissera tomber la main droite pendante sur le côté.

Après ce commandement, l'Officier qui devra faire l'inspection passera sur le front de la troupe pour visiter les armes & les cartouches des Cavaliers, lesquels à mesure que cet Officier arrivera devant eux, saisiront le bout de la baguette avec le pouce & le premier doigt de la main droite, & l'élevant de trois pouces hors du canon, la laisseront retomber tout de suite, après quoi ils replaceront leur porte-cartouche & laisseront tomber la main droite pendante sur le côté.

L'Officier

L'Officier qui aura fait cette visite étant de retour à sa place, on commandera :

3. *Remettez la baguette.*

En un temps, comme au dix-huitième commandement du maniement des armes à pied.

Si on veut faire charger le mousqueton, on fera les commandemens suivans jusques & compris le quatorzième.

4. *A droite, retirez le mousqueton.*

En un temps, on fera un à droite & demi sur le talon gauche, & on retournera en même temps le mousqueton, pour le porter dans la même position qu'après avoir fait feu au huitième commandement du maniement des armes à pied.

5. *Découvrez le bassinet.*

En un temps : on découvrira le bassinet en poussant ferme la batterie avec le pouce droit ; & on reportera la main droite à la poignée.

6. *Prenez la cartouche.*

7. *Déchirez-la avec les dents.*

8. *Amorcez.*

9. *Fermez le bassinet.*

10. *Passez le mousqueton du côté de l'épée.*

11. *Mettez la cartouche dans le canon.*

12. *Tirez la baguette.*

13. *Bourrez.*

14. *Remettez la baguette.*

15. *Portez le mousqueton.*

Ces dix commandemens s'exécuteront comme il est dit au maniement des armes à pied, depuis le dixième commandement jusques & compris le dix-neuvième.

Pour faire l'infpection du fabre, on commandera :

16. *Moufqueton à la grenadière.*

17. *Préparez-vous pour mettre le fabre à la main.*

18. *Sabre à la main.*

Ces trois commandemens s'exécuteront comme aux 32.ᵉ, 33.ᵉ & 34.ᵉ du maniement des armes à pied.

A mefure que l'Officier qui fait l'infpection s'arrêtera devant chaque Cavalier, ce Cavalier préfentera le fabre en un temps, le portant brufquement devant lui la lame fur fon plat, la pointe haute, le bras demi-tendu, le bout du pouce contre la coquille, qui fera à la hauteur de la cravatte.

Deux temps après, il retournera la poignée du fabre dans la main, pour faire voir l'autre côté de la lame ; & quand l'Officier paffera, le Cavalier reportera le fabre en deux temps : le premier en le retournant dans la main pour le préfenter, & le fecond, en l'appuyant contre l'épaule.

19. *Remettez le fabre.*

20. *Portez le moufqueton.*

Comme aux 35.ᵉ & 36.ᵉ commandemens du maniement des armes à pied.

Lorfqu'une troupe fortira du fervice à pied, le Commandant fera décharger les armes aux Cavaliers avant de les renvoyer au quartier.

DE L'INSPECTION A CHEVAL.

QUAND les Cavaliers qui auront été commandés à cheval feront arrivés au rendez-vous, ils s'y mettront en bataille fur un ou plufieurs rangs felon qu'il fera ordonné.

Le Commandant examinera s'il ne manque rien à leur équipement ou à celui de leurs chevaux.

Lorfqu'il aura fini cet examen, il fera compter les Cavaliers par quatre jufqu'à la fin de chaque rang.

Il avertira ensuite qu'on va faire l'inspection, & les Cavaliers ayant levé la patte du porte-cartouche comme à l'inspection à pied, il commandera :

1. *Ajustez vos rênes.*

En deux temps, comme au premier commandement du maniement des armes à cheval.

2. *Dégagez le mousqueton.*

3. *Haut le mousqueton.*

Comme aux deuxième & troisième commandemens du maniement des armes à cheval.

4. *Présentez le mousqueton en avant.*

En un temps : on présentera le mousqueton, la platine en avant, le tenant par la poignée perpendiculairement, le pouce alongé sur la contre-platine, à la hauteur & à un pied de distance de la cravatte, le coude moins élevé que le poignet d'un demi-pied.

Après ce commandement, on fera l'inspection du mousqueton.

5. *Haut le mousqueton.*

En un temps : on portera la crosse sur le haut de la cuisse droite, le bout du mousqueton haut en avant.

6. *Passez le mousqueton du côté de l'épée.*

En deux temps : au premier, portant le bout du mousqueton à droite, on fera passer la crosse à gauche entre les rênes & le corps, tournant la platine en dessus, la baguette du côté du corps : on saisira le mousqueton de la main gauche, au dessus & contre la platine, sans quitter les rênes.

Au deuxième, en plaçant la crosse entre la fonte & l'épaule du cheval, on tiendra le bout du mousqueton vis-à-vis l'épaule droite, & de la main droite on prendra la baguette avec le pouce & le premier doigt que l'on repliera ainsi que les autres, alongeant le pouce vers le bout de la baguette.

g ij

7. *Tirez la baguette.*

En un temps, comme au seizième commandement du maniement des armes à pied.

8. *Mettez la baguette dans le canon.*

En un temps : on mettra la baguette dans le canon, & avec la main droite on empoignera le bout du mousqueton, le pouce alongé le long du bois.

Après l'exécution de ce commandement on examinera la cartouche, & si les armes ne font point chargées, & les Cavaliers replaceront ensuite la cartouche.

9. *Remettez la baguette.*

En un temps, comme au dix-huitième du maniement des armes à pied.

10. *Haut le mousqueton.*

En deux temps, comme au dix-huitième du maniement des armes à cheval.

On ne fera les commandemens qui suivent, jusques & compris le vingt-deuxième, que quand on voudra faire charger les armes; hors ce cas on passera tout de suite du dixième commandement au vingt-troisième.

11. *Retirez le mousqueton.*

En un temps, comme au deuxième du septième commandement du maniement des armes à cheval.

12. *Découvrez le bassinet.*

En un temps : on découvrira le bassinet en poussant ferme la batterie avec le pouce droit, & on reportera la main à la poignée.

13. *Prenez la cartouche.*

En un temps, comme au neuvième du maniement des armes à cheval.

14. *Déchirez-la*

14. *Déchirez-la avec les dents.*

15. *Amorcez.*

16. *Fermez le baffinet.*

Ces trois commandemens s'exécuteront comme aux
11e, 12e & 13e commandemens du maniement des armes
à pied.

17. *Paffez le moufqueton du côté de l'épée.*

En un temps, comme au treizième commandement du
maniement des armes à cheval.

18. *Mettez la cartouche dans le canon.*

19. *Tirez la baguette.*

20. *Bourrez.*

21. *Remettez la baguette.*

Ces quatre commandemens comme aux 15e, 16e, 17e
& 18e du maniement des armes à pied.

22. *Haut le moufqueton.*

En deux temps, comme au dix-huitième du maniement
des armes à cheval.

23. *Moufqueton à la grenadière.*

En deux temps, comme au trente-cinquième commandement du maniement des armes à cheval.

24. *Prenez le piftolet gauche.*

En deux temps : au premier, on prendra avec la main
droite le piftolet gauche à la croffe, par deffus les rênes
& la main gauche.

Au deuxième, on le tirera de la fonte & on le mettra
dans la main gauche, dont on le prendra à la poignée,
le tenant droit, la platine en avant.

25. *Mettez la baguette dans le canon.*

En un temps : on tirera la baguette de fon lieu, & on
la mettra dans le canon.

26. *Prenez le piſtolet droit.*

En deux temps : au premier , on portera la main droite ſur le piſtolet droit, les doigts entre la croſſe & la ſelle , les ongles & le pouce en deſſus de la croſſe.

Au deuxième, on le tirera bruſquement en le retournant : on le placera à côté de l'autre & on le tiendra avec la main gauche en paſſant les doigts dans la foûgarde.

27. *Mettez la baguette dans le canon.*

En un temps : on tirera la baguette & on la mettra dans·le canon ; & reprenant ce piſtolet avec la main droite à la poignée , on les tiendra tous les deux au deſſus du pommeau de la ſelle , les platines en avant.

Après ce commandement, on verra ſi les piſtolets ne ſont pas chargés , & dès que le Commandant ſera paſſé, les Cavaliers remettront le piſtolet droit dans la main gauche comme au deuxième temps du vingt-ſixième commandement.

28. *Remettez les baguettes.*

En deux temps : au premier , on retirera la baguette du canon du dernier piſtolet & on la remettra en ſon lieu.

Au deuxième , on retirera l'autre baguette du canon, on la remettra en ſon lieu , & on reportera la main droite à la poignée du dernier piſtolet.

29. *Remettez le dernier piſtolet.*

En un temps : on le remettra dans la fonte gauche.

On paſſera les commandemens ſuivans juſques & compris le trente-ſeptième, quand on ne voudra point faire charger les piſtolets.

30. *Découvrez le baſſinet.*

En deux temps : au premier, on prendra avec la main droite le premier piſtolet par la poignée , & on le baiſſera ſur la main gauche.

Au deuxième, on découvrira le baſſinet en pouſſant

ferme la batterie avec le pouce droit, & on reportera la main droite à la poignée.

31. *Prenez la cartouche.*

32. *Déchirez-la avec les dents.*

33. *Amorcez.*

Comme aux 13.ᵉ 14.ᵉ & 15.ᵉ commandemens.

34. *Fermez le baffinet.*

En un temps : on fermera le baffinet, & du même temps on pouffera la croffe du piftolet à gauche avec la main droite, tenant toûjours la cartouche dans les doigts, & le piftolet de la main gauche, la platine en deffus.

35. *Mettez la cartouche dans le canon.*

En un temps : on mettra la cartouche dans le canon, & tout de fuite on faifira la baguette avec le pouce & les deux premiers doigts, la paume de la main vers le bout du piftolet.

36. *Tirez la baguette.*

En un temps : on tirera brufquement la baguette, & en la retournant on préfentera le gros bout vis-à-vis le canon.

37. *Bourrez.*

En un temps : on bourrera deux fois, on remettra la baguette en fon lieu, & on prendra le piftolet avec la main droite à la poignée, le tenant droit devant foi.

38. *Remettez le piftolet.*

En deux temps : au premier, on mettra le piftolet dans la fonte.

Au deuxième, on portera la main droite fur la cuiffe droite.

On paffera encore le commandement qui fuit, fi l'on ne veut pas faire charger les piftolets.

39. *Piſtolet à la main.*

En deux temps : au premier, on portera la main droite ſur la croſſe du piſtolet gauche, par deſſus la main gauche & les rênes.

Au deuxième, on le tirera de la fonte, & on le portera ſur la main gauche, dont on l'empoignera, tenant le bout un peu élevé.

Pour charger ce ſecond piſtolet & le remettre, on répétera les mêmes commandemens que pour le premier, à commencer du trentième, juſques & compris le trente-huitième.

40. *Préparez-vous pour mettre le ſabre à la main.*

En un temps, comme au vingt-neuvième du maniement des armes à cheval.

41. *Sabre à la main.*

En un temps, comme au trente-quatrième du maniement des armes à pied.

Après ce commandement, le Commandant fera l'inſpection du ſabre, que les Cavaliers préſenteront ſucceſſivement comme il eſt expliqué à l'inſpection à pied après le dix-huitième commandement.

42. *Remettez le ſabre.*

En trois temps, comme au trente-cinquième commandement du maniement des armes à pied, ſans quitter les rênes.

43. *Ajuſtez vos rênes.*

En deux temps, comme au premier commandement du maniement des armes à cheval.

44. *Haut le mouſqueton.*

45. *Remettez le mouſqueton en ſon lieu.*

Comme aux 36e & 37e commandemens du maniement des armes à cheval.

46. *Ajuſtez*

46. *Ajuſtez vos rênes.*

En deux temps, comme au premier commandement du maniement des armes à cheval.

Pour faire l'inſpection à pied d'une troupe qui eſt à cheval, on la fera mettre pied à terre après le quarante-troiſième commandement, comme il ſera dit ci-après à la ſixième manœuvre pour une Compagnie; on fera enſuite les commandemens de l'inſpection à pied qu'on jugera néceſſaires, & après que la troupe ſera remontée à cheval, on fera lés 44ᵉ, 45ᵉ & 46ᵉ commandemens.

DES MAXIMES GE'NE'RALES
POUR LES MANŒUVRES.

Toute troupe étant ſous les armes, obſervera le ſilence pour entendre le commandement, & on punira ceux qui ne le garderont pas.

Chaque commandement ſera précédé de cet avertiſſement, *Prenez garde à vous*, après lequel on expliquera aux Cavaliers ce qu'ils devront exécuter, ils ne ſe mettront en mouvement qu'au mot *Marche*, & ils ne s'arrêteront qu'au mot *Halte*; ſi l'on veut qu'ils marchent en avant, après un quart de converſion, on dira: *En avant, Marche*.

La première règle pour ſe mouvoir & pour marcher, eſt de s'éloigner le moins qu'il eſt poſſible de l'ordre de bataille, & de préférer les manœuvres par leſquelles on peut ſe reformer le plus promptement & avec moins de chemin.

On obſervera auſſi de faire tous les mouvemens quarré-ment, autant qu'il ſera poſſible.

Lorſque les Cavaliers marcheront droit devant eux, ceux de la droite regarderont leur gauche, ceux de la gauche regarderont leur droite, pour s'aligner tous fur le centre.

On ne fera jamais mouvoir une troupe fans l'ébranler auparavant, & pour cet effet, au commandement de *Prenez garde à vous*, les Cavaliers ajufteront leurs rênes, & raffembleront leurs chevaux en reftant dans la même place.

Dans tous les quarts de converfion, foit à droite, foit à gauche, les Cavaliers regarderont l'aîle qui marche, ayant attention de ne point fe féparer de la partie qui foûtient.

Ceux des deuxième & troifième rangs obferveront de fuivre exactement leurs chefs de files, fur-tout dans les quarts de converfion, & pour y parvenir, ils fe porteront un peu vers le côté oppofé à celui fur lequel la troupe tournera.

Lorfqu'une troupe marchant en colonne tournera fur fa droite ou fur fa gauche, les Cavaliers qui fuivront marcheront droit devant eux jufqu'au terrein où ceux qui les précédent auront tourné, fans fe porter d'avance, ni fur leur droite, ni fur leur gauche.

Les Commandans de troupes auront continuellement attention à ne jamais laiffer plus d'intervalle du premier rang de leur divifion au premier rang de celle qui les précède, qu'il ne leur en faut pour fe remettre en bataille.

Lorfqu'une troupe marche par un, par deux, ou par quatre Cavaliers, comme elle occupe alors plus de terrein qu'il ne lui en faut pour fe remettre en bataille, on n'obfervera point de diftance entre les rangs, ni entre les compagnies & efcadrons.

On marchera toûjours par le plus grand front que le terrein le permettra.

La diftance ordinaire d'un efcadron à l'autre étant en

bataille, doit être de vingt-quatre pas, c'est-à-dire, de la moitié du front de l'escadron.

Les escadrons qui seront en seconde ligne, conserveront d'un escadron à l'autre une distance égale à leur front.

Lorsqu'une troupe sera en colonne, au commandement de *Marche*, toutes les divisions se mettront en mouvement en même temps, pour conserver toûjours le même intervalle de l'une à l'autre.

Lorsqu'on fera un commandement différent pour la droite & pour la gauche, le commandement pour la droite sera toûjours énoncé le premier.

On fera exécuter aux Cavaliers à pied, les manœuvres qu'ils devront faire à cheval, afin que leur attention n'étant pas divisée par le soin de conduire leur cheval, ils conçoivent plus aisément ce qu'ils auront à faire.

On les leur fera exécuter ensuite à cheval, d'abord au pas & lentement, puis plus légèrement à mesure que la troupe se trouvera plus instruite, jusqu'à ce qu'elle puisse les faire avec toute la vivacité nécessaire.

Toute la Cavalerie sera instruite à appuyer sur sa droite & sur sa gauche, en fuyant des talons.

Elle sera exercée, tantôt sur deux rangs & tantôt sur trois rangs, l'intention de Sa Majesté étant qu'elle sache combattre de ces deux manières; cependant, attendu que sa composition actuelle convient mieux pour se former sur deux rangs, on préférera cette façon dans le cours ordinaire du service.

DES MANŒUVRES
POUR UNE COMPAGNIE.

LES vingt-quatre Cavaliers commandés par compagnie, se rendront au rendez-vous indiqué à leur quartier, ou à la porte du Commandant de la troupe, une demi-heure avant celle qui aura été marquée pour l'Exercice.

Ils y amèneront leurs chevaux, les tenant de la main gauche par les deux rênes, à un demi-pied des branches du mors, le corps à la hauteur & le plus près qu'il fera possible de l'épaule du cheval, la gourmette pendante, le bout des rênes dans la main droite.

Ils se rangeront par ancienneté sur un seul rang, & le Commandant fera l'inspection de l'homme & du cheval.

Il disposera ensuite la compagnie pour être sur deux rangs, le premier Brigadier à la droite, le deuxième Brigadier le douzième du rang, les deux premiers Carabiniers le sixième & le septième, & les deux derniers le treizième & le vingt-quatrième.

Au défaut des Brigadiers, les premiers Carabiniers prendront leurs places, & les plus anciens Cavaliers suppléeront de même au défaut des Carabiniers.

Le Commandant fera compter tous les Cavaliers par quatre, commençant par la droite.

Il fera rompre la compagnie comme il le jugera à propos, pour la conduire sur le terrein destiné pour l'exercice.

Il l'y fera reformer sur un seul rang.

Après avoir fait les commandemens nécessaires pour vérifier si les armes ne font pas chargées, & lui avoir fait exécuter le maniement des armes, il fera faire telles des manœuvres suivantes qu'il jugera à propos, ayant soin cependant que les Cavaliers soient exercés à les faire toutes.

I.re
MANŒUVRE.

DE'FILER PAR UN, DEUX, QUATRE.

Prenez garde à vous.

Marchez un.... marchez deux.... marchez quatre.

Marche.

POUR exécuter ce commandement, si on marche par un,

un, le premier Cavalier marchant en avant, le deuxième viendra prendre fa place & le fuivra; les autres fucceffivement en feront autant.

Si on a commandé de marcher par deux, le troifième & le quatrième Cavaliers viendront par un à droite par deux prendre la place des deux premiers, & ainfi des autres, de deux en deux.

Si on a commandé de marcher par quatre, les quatre Cavaliers de la droite marchant en avant droit devant eux, tous les autres feront à droite par quatre, & les fuivront.

Si la compagnie étoit fur deux rangs, le fecond rang feroit les mêmes mouvemens après que le premier les auroit achevés.

DOUBLER LES RANGS ET SE FORMER
PAR COMPAGNIE.

IIme MANŒUVRE.

LORSQU'APRÈS avoir défilé par un, on voudra former la compagnie, on la fera d'abord marcher par deux, enfuite par quatre, & enfin on la fera former en avant; & pendant tout le temps que les rangs doubleront, le premier rang fera halte pour attendre la queue de la compagnie.

Prenez garde à vous.

Marchez deux.

Marche.

Ier Commandement.

Le premier rang s'arrêtera jufqu'à ce que les derniers Cavaliers aient doublé, après quoi on les fera marcher tous.

Prenez garde à vous.

Marchez quatre.

Marche.

2.me

Le premier rang s'arrêtera jufqu'à ce que les derniers rangs aient doublé par quatre, après quoi on marchera.

Prenez garde à vous.
En avant fur un rang, formez la compagnie.
Marche.

Les quatre Cavaliers qui forment le premier rang, feront quatre pas en avant ; ceux du fecond rang feront un quart de converfion à gauche pour fe former par un quart de converfion à droite, à côté du premier rang : les autres rangs marcheront toûjours en avant jufqu'à ce qu'ils foient arrivés fur le lieu où le deuxième a fait le quart de converfion à gauche ; ils l'exécuteront de même, & fe reformeront par le quart de converfion à droite quand ils feront arrivés fur l'alignement de la gauche du rang qui les précède.

III.me
MANŒUVRE.

AU PAS ET AU TROT.

On fera faire cette manœuvre d'abord au pas & lentement, enfuite au trot.

1.er
Commandement.

Prenez garde à vous.
Marche. . . . . . . au trot.

La compagnie marchera au pas droit devant elle, & fe mettra au trot lorfqu'on en fera le commandement.

2.me

Prenez garde à vous.
A droite par compagnie.
Marche.

La droite foûtiendra, le Cavalier qui la ferme faifant feulement un à droite : la gauche marchera jufqu'au commandement *Halte*, & ce mouvement fe fera légèrement.

3.me

Prenez garde à vous.
Marche. . . . . . . au trot.
A gauche par compagnie.
Marche.

La gauche foûtiendra ; la droite marchera légèrement jufqu'au commandement *Halte*.

Prenez garde à vous.

Marche . . . . au trot.

Par compagnie, demi-tour à droite.

Marche.

La droite foûtiendra ; la gauche fera légèrement la demi-converfion, & s'arrêtera au commandement *Halte.*

Prenez garde à vous.

Marche . . . . au trot.

Par compagnie, demi-tour à gauche.

Marche.

La gauche foûtiendra ; la droite fera légèrement la demi-converfion, & s'arrêtera au commandement *Halte.*

Prenez garde à vous.

Préparez-vous pour mettre le fabre à la main.

En un temps, comme au vingt-neuvième du maniement des armes à cheval.

Sabre à la main.

En un temps, comme au trente-quatrième du maniement des armes à pied.

Prenez garde à vous.

Marche.

On marchera bien alignés, ni trop ouverts, ni trop ferrés, de manière que les bottes fe touchent fans fe preffer.

Sonnez la charge.

Lorfque le Trompette fonnera la charge, on commandera *au trot ;* & après avoir marché ainfi quelques pas, au fignal des Officiers les Cavaliers porteront leur fabre haut comme s'ils vouloient frapper, tenant la lame un peu en travers, la pointe en arrière, plus haute d'un pied que la main.

4.me
Commandement.

5.me

6.me

7.me

8.me

9.me

k ij

Halte.
Portez vos fabres.
Marche . . . . au trot.

Ils feront halte, mettront leur fabre à l'épaule, & remar-
cheront au trot jufqu'au commandement *Halte ;* enfuite on
fera remettre les fabres.

TIRER EN AVANT.

LES Officiers ayant dû préliminairement donner tous
leurs foins pour accoûtumer les chevaux au feu; pour les
y faire davantage, leur faire perdre la mauvaife habitude
qu'ils contractent fouvent de fortir difficilement du rang,
& pour apprendre au Cavalier à efcarmoucher, on fera
mettre la moitié d'une compagnie vis-à-vis de l'autre à
cent pas ou environ; on fera fortir enfuite un Cavalier de
chacune de ces parties; ils accrocheront leur moufqueton,
fortiront de leurs rangs pour s'avancer l'un vis-à-vis de
l'autre, tireront leur moufqueton, le laifferont tomber,
mettront le fabre à la main, le croiferont, le laifferont
tomber enfuite pendu au poignet par le cordon; tireront
un ou les deux piftolets, reprendront leur fabre, le
remettront, & feront haut le moufqueton; après quoi ils
marcheront deux pas en avant, & iront enfuite fe placer
dans le rang, en paffant par derrière.

On en ufera ainfi pour toute la compagnie fucceffivement, recommandant aux Cavaliers de ne point tirer
fur les chevaux; & enfuite on fera remettre la compagnie
fur un rang, comme elle étoit auparavant.

SE FORMER SUR DEUX RANGS.

POUR former la compagnie fur deux rangs, le
Commandant fera les commandemens fuivans:

Prenez garde à vous.
Je parle au demi-rang de la droite.
Marche.

Ce demi-rang

Ce demi-rang marchera quatre pas, & s'arrêtera au commandement *Halte*.

2.me
Commandement.

Prenez garde à vous.
Sur deux rangs, formez la compagnie.
Marche.

Ceux qui ont marché appuyeront à gauche pendant que ceux qui sont restés appuyeront à droite pour prendre leur Chef-de-file.

METTRE PIED A TERRE.

VIme
MANŒUVRE.
1.er
Commandement.

Prenez garde à vous.
Pied à terre.

En quatre temps : au premier, le premier rang marchera trois pas en avant comme ci-dessus.

Au deuxième, les nombres pairs reculeront de la longueur d'un cheval.

Au troisième, tous quitteront l'étrier droit, prendront l'étrivière avec la main droite, mettront l'étrier à la crosse du pistolet droit, prendront tout de suite une poignée de crins avec la main gauche sans quitter leurs rênes, & mettront la main droite sur l'arçon de devant, les doigts en dedans & le pouce en dehors.

Au quatrième, s'appuyant sur l'arçon de devant ils s'éleveront sur l'étrier gauche, passeront la jambe droite tendue par dessus la croupe du cheval, prenant le troussequin de la main droite pour se soûtenir en arrivant à terre : tout de suite de la même main ils mettront l'étrier gauche à la crosse du pistolet gauche, & quittant les rênes de la main gauche pour les saisir au dessous des branches du mors, ils les rabattront de la main droite sur le bras gauche qu'ils passeront entre les deux rênes, faisant face à leurs chevaux, & contenant les rênes de la main droite au dessous des branches du mors que la main gauche aura quittées.

2.me

Reprenez vos rangs.

En un temps : quittant les rênes de la main droite, ils feront un demi-tour à droite, tournant le dos à leurs

1

chevaux ; & les Cavaliers qui avoient reculé s'avanceront pour rentrer dans le rang & s'aligner avec les autres.

VIIme
MANŒUVRE.

MONTER A CHEVAL.

Prenez garde à vous.
A cheval.

En trois temps : au premier, tous les Cavaliers feront demi-tour à gauche, prendront de la main droite la rêne droite au deffous de la branche du mors ; & de la main gauche ils releveront les rênes fur le cou de leurs chevaux : de la même main ils prendront le bas de la rêne que tenoit la main droite, & de celle-ci ils abattront l'étrier gauche.

Au deuxième, les Cavaliers qui font comptés pairs feront reculer leurs chevaux ; & tous élevant le bout des rênes de la main droite, les faifiront de la main gauche, avec une poignée de crins, prendront l'étrier de la main droite, chaufferont le pied gauche dedans, & enfuite porteront la main droite au trouffequin.

Au troifième, avec l'aide des deux mains & l'appui du pied gauche ils monteront à cheval légèrement & enfemble, abattront l'étrier droit, ajufteront les rênes : ceux qui avoient reculé avanceront pour s'aligner, & le fecond rang ferrera fur le premier.

VIIIme
MANŒUVRE.

DES A DROITE ET A GAUCHE
PAR COMPAGNIE.

1.er
Commandement.

Prenez garde à vous.
Par compagnie, à droite.
Marche.

La file de la droite foûtiendra ; la gauche marchera jufqu'au commandement *Halte.*

2.me

Prenez garde à vous.
Par compagnie, à gauche.
Marche.

La file de la gauche foûtiendra, & celle de la droite marchera jufqu'au commandement *Halte.*

Prenez garde à vous.

Par compagnie, demi-tour à droite.

Marche.

3.me wait

La file de la droite foûtiendra; celle de la gauche marchera & fera une demi-converfion jufqu'au commandement *Halte.*

Prenez garde à vous.

Par compagnie, demi-tour à gauche.

Marche.

La file de la gauche foûtiendra, & celle de la droite marchera pour faire une demi-converfion jufqu'au commandement *Halte.*

DES A DROITE ET A GAUCHE

PAR COMPAGNIE SUR LE CENTRE.

Prenez garde à vous.

Par compagnie, à droite fur le centre.

Marche.

Les deux Cavaliers du centre de chaque rang tourneront enfemble à droite; ceux de la droite feront un quart de converfion en reculant; ceux de la gauche en feront un fur le centre en marchant en avant.

Prenez garde à vous.

Par compagnie, à gauche fur le centre.

Marche.

Les deux Cavaliers du centre de chaque rang tourneront enfemble à gauche; ceux de la gauche feront un quart de converfion en reculant; ceux de la droite en feront un fur le centre en marchant en avant.

Pour faire faire le demi-tour à droite ou à gauche par compagnie fur le centre, on commandera fucceffivement deux quarts de converfion.

l ij

<table>
<tr><td>Xme
MANŒUVRE.</td><td>

ROMPRE LA COMPAGNIE ET MARCHER
EN AVANT PAR QUATRE.

</td></tr>
</table>

Prenez garde à vous.
Pour marcher en avant par quatre.
Marche.

Les quatre Cavaliers de la droite du premier rang marcheront en avant, les huit autres du même rang fe rompront à droite par quatre & fuivront les premiers. Dès qu'ils auront fait encore un quart de converfion à gauche, les quatre de la droite du fecond rang les fuivront, pendant que les huit autres du même rang fe rompront à droite par quatre.

<table>
<tr><td>XIme
MANŒUVRE.</td><td>

REMETTRE LA COMPAGNIE EN BATAILLE
EN AVANT.

</td></tr>
</table>

Halte.
En avant fur deux rangs, formez la compagnie.
Marche.

Les quatre Cavaliers qui forment le premier rang marcheront quatre pas; ceux du deuxième rang feront un quart de converfion à gauche pour fe former par un quart de converfion à droite, à côté du premier rang, pendant que les quatre autres rangs marcheront toûjours en avant; le troifième fera fon quart de converfion à gauche lorfqu'il fera arrivé à la place où le deuxième l'a fait, & fe reformera enfuite; le quatrième ferrera fur le premier & fera halte; le cinquième fera ce qu'a fait le deuxième; & le fixième ce qu'a fait le troifième.

<table>
<tr><td>XIIme
MANŒUVRE.</td><td>

ROMPRE LA COMPAGNIE ET MARCHER
A DROITE PAR QUATRE.

</td></tr>
</table>

Prenez garde à vous.
A droite par quatre, rompez la compagnie.
Marche.

Le premier rang fera à droite par quatre; lorfque les
derniers

derniers Cavaliers de ce rang auront dépaffé le fecond rang, celui-ci marchera en avant fur le terrein qu'occupoit le premier, fera de même à droite par quatre, & fuivra.

FORMER LA COMPAGNIE SUR SA GAUCHE.

XIII.me
MANŒUVRE.

Halte.

A gauche fur deux rangs, formez la compagnie.
Marche.

Les trois premiers rangs feront à gauche par quatre, & marcheront quatre pas en avant, pendant que les trois autres marcheront toûjours devant eux, jufqu'à ce que le quatrième rang foit arrivé à la hauteur du quatrième Cavalier du premier rang ; alors les trois derniers rangs feront de même à gauche par quatre.

ROMPRE LA COMPAGNIE ET MARCHER

XIV.me
MANŒUVRE.

A GAUCHE PAR QUATRE.

Prenez garde à vous.
A gauche par quatre, rompez la compagnie.
Marche.

Le premier rang fera à gauche par quatre ; lorfque les derniers Cavaliers de ce rang auront dépaffé le fecond rang, celui-ci marchera en avant fur le terrein qu'occupoit le premier rang, où il fera de même à gauche par quatre, & fuivra.

Lorfque les compagnies ne feront pas dans l'obligation de marcher par leur droite, & qu'on voudra fimplement marcher à gauche, on les fera marcher à colonne renverfée, exécutant par la gauche ce qu'on a exécuté par la droite à la douzième manœuvre ; & alors, pour les remettre, on exécutera la treizième manœuvre en faifant les quarts de converfion à droite.

XVme
MANŒUVRE.

FORMER LA COMPAGNIE SUR SA DROITE.

Halte.

A droite sur deux rangs, formez la compagnie.
Marche.

Les trois premiers rangs feront à droite par quatre, & marcheront quatre pas en avant, pendant que les trois autres marcheront toûjours devant eux, jusqu'à ce que le quatrième rang soit arrivé à la hauteur du quatrième Cavalier de la gauche du premier rang; alors les trois derniers rangs feront de même à droite par quatre.

XVIme
MANŒUVRE.

BORDER LA HAYE POUR UNE REVUE.

Pour une revûe on fera mettre les Cavaliers par ancienneté, sans en transposer aucun, & on fera les commandemens suivans :

1.er
Commandement.

Prenez garde à vous.
Par compagnie, à droite.
Marche.

Comme au premier commandement de la huitième manœuvre.

2.me

Prenez garde à vous.
Sur un rang, formez la compagnie.
Marche.

Le premier rang de chaque compagnie appuyera à droite du talon gauche : le second appuyera à gauche du talon droit; & lorsqu'il aura débordé la gauche du premier, il marchera en avant pour s'aligner.

XVIIme
MANŒUVRE.
1.er
Commandement.

SE REMETTRE SUR DEUX RANGS.

Prenez garde à vous.
Je parle au demi-rang de la droite.
Marche.

Il marchera quatre pas & s'arrêtera au commandement *Halte.*

Prenez garde à vous.
Sur deux rangs, formez la compagnie.
Marche.

2.me
Commandement.

Ceux qui ont marché appuyeront à gauche, pendant que ceux qui font reftés appuyeront à droite pour prendre leurs chefs de file.

Prenez garde à vous.
Par compagnie, à gauche.
Marche.

Comme au deuxième commandement de la huitième manœuvre.

Lorfqu'on voudra manœuvrer fur trois rangs, la compagnie étant en haye par rang d'ancienneté, au même nombre de vingt-quatre, le premier Brigadier reftant à la droite, le fecond Brigadier fe placera le huitième, & les quatre Carabiniers les neuvième, feizième, dix-feptième & vingt-quatrième.

SE FORMER SUR TROIS RANGS.

Pour former la compagnie fur trois rangs, le Commandant ayant marqué les divifions, fera les commandemens fuivans.

Prenez garde à vous.
Par tiers de compagnie, à droite.
Marche.

Les Cavaliers exécuteront ce commandement.

Prenez garde à vous.
Serrez vos rangs.
Marche.

Les deux derniers rangs ferreront fur le premier.

Prenez garde à vous.
Par compagnie, à gauche.
Marche.

On exécutera ce commandement.

On observera que lorsque plusieurs compagnies manœu-vreront ensemble sur trois rangs, on ne leur fera exécuter les à droite & à gauche que par deux compagnies ensemble.

L'exercice étant fini, le Commandant de la compagnie la conduira au lieu où elle se fera assemblée, il y fera mettre les Cavaliers pied à terre, & ils ramèneront leurs chevaux à l'écurie, les tenant de même qu'ils les auront amenés.

On en usera de même toutes les fois que les Cavaliers reviendront de garde ou de détachement.

DES MANŒUVRES

POUR UN RÉGIMENT.

LES jours marqués pour l'exercice d'un régiment, les Cavaliers s'assembleront, une demi-heure avant celle qui aura été donnée pour l'exercice, au rendez-vous indiqué pour chaque compagnie, d'où les Commandans desdites compagnies, après en avoir fait l'inspection, & les avoir fait monter à cheval & former au nombre de vingt-quatre par compagnie, comme il a été dit au titre des Manœuvres pour une compagnie, les conduiront au rendez-vous général du régiment, faisant marcher derrière les Cavaliers destinés pour la petite troupe que l'on formera par cha-que escadron, lorsque le régiment sera rassemblé.

Les compagnies se placeront en bataille, la première à la droite du premier escadron, la deuxième à la droite du second escadron, la troisième à la gauche du premier

escadron,

efcadron, la quatrième à la gauche du deuxième efcadron, la cinquième à la gauche de la première compagnie, la fixième à la gauche de la deuxième, la feptième entre la troifième & la cinquième, & la huitième entre la quatrième & la fixième.

Dans les régimens compofés d'un plus grand nombre d'efcadrons, on obfervera le même ordre, en plaçant alternativement les compagnies dans chaque efcadron, fuivant leur ancienneté.

Quand on formera l'efcadron par la droite ou par la gauche, toutes les compagnies fe formeront de même.

Les efcadrons dans le régiment, & les régimens dans la brigade obferveront le même ordre.

Les compagnies ayant pris leur place dans l'efcadron, fe rendront du lieu du rendez-vous général fur celui qui aura été deftiné pour l'exercice, où elles fe formeront par compagnie dès que le terrein le permettra, & le régiment fe mettra en bataille fur deux rangs, les petites troupes formant un troifième rang.

Si quelques compagnies ne pouvoient fournir le nombre de vingt-quatre Cavaliers, on les égalifera enfemble en leur faifant fe prêter des hommes mutuellement.

Les Officiers, les Maréchaux-des-logis & les Trompettes prendront les places qui leur ont été indiquées aux titres du maniement des armes. *Place des Officiers.*

Le Major & l'Aide-Major fans avoir de place fixe fe tiendront à portée du Commandant du premier & du fecond efcadron, pour recevoir leurs ordres.

Le Commandant du régiment placera les Officiers ré-formés aux compagnies où il jugera à propos.

On commandera un Lieutenant & un Brigadier fur tout le régiment, un Carabinier par chaque compagnie où il y a un étendard, & deux Cavaliers par chaque *E'tendards.*

compagnie du régiment, lefquels fe rendront avec le Timbalier & tous les Trompettes, au lieu où font les étendards.

Le Lieutenant placera ce détachement fur un rang dans l'ordre fuivant, commençant par la droite, quatre Cavaliers, la moitié des Trompettes, le Timbalier, l'autre moitié des Trompettes, quatre Cavaliers, les quatre Carabiniers deftinés à porter les étendards, & huit autres Cavaliers.

Il fera rompre cette troupe à droite par quatre, les quatre premiers Cavaliers qui précéderont les Trompettes, auront le moufqueton haut, il fe mettra à la tête des autres Cavaliers qui auront le fabre à la main, & le Brigadier fuivra derrière.

Le Lieutenant conduira ainfi les étendards au lieu indiqué pour le rendez-vous général du régiment, & dès qu'on les y verra arriver, on fera mettre le fabre à la main à tout le régiment.

Le Lieutenant, avec fa troupe entière, remettra les étendards à chaque compagnie, & ne renverra les Trompettes, ni aucun Cavalier de l'efcorte, qu'après que le dernier étendard aura été remis à fa compagnie; alors lefdits Cavaliers rentreront à leurs compagnies par derrière les rangs.

Les deux étendards de chaque efcadron feront au premier rang à la feptième file, à compter de la droite & de la gauche de l'efcadron lorfqu'il fera fur deux rangs; & à la cinquième file fi l'efcadron eft fur trois.

Petite troupe. TOUTES les fois qu'un régiment prendra les armes en entier pour manœuvrer, on fera une petite troupe par efcadron, des Cavaliers de chaque compagnie de cet efcadron qui excéderont le nombre de vingt-quatre.

Cette troupe, plus ou moins forte, fera commandée par un Lieutenant & un Maréchal-des-logis, au choix du Commandant.

Elle fera fur un rang, à vingt pas en arrière du centre de l'efcadron, elle exécutera les mêmes mouvemens que le refte de l'efcadron, foit qu'il marche en avant ou en arrière, & lorfqu'il fe rompra pour marcher en colonne, elle fe rompra en même-temps fur deux ou fur quatre rangs, & marchera à même hauteur que l'efcadron lorfque le terrein le permettra, ou le fuivra derrière de fort près lorfqu'elle ne pourra marcher à côté.

Le Lieutenant fe tiendra à la tête & au centre de cette troupe, & le Maréchal-des-logis derrière.

LE régiment, en arrivant fur le lieu où il devra faire l'exercice, fe mettra en bataille, foit en avant, foit fur fa droite, foit fur fa gauche, fuivant la commodité du ter-rein, & il exécutera, pour cet effet, l'une des manœuvres ci après, 7e, 9e ou 11e. *Se mettre en bataille.*

Le régiment étant en bataille, on fera compter les rangs par quatre.

On fera le maniement des armes fi le Commandant du régiment le demande, commençant par les comman-demens de l'infpection pour vérifier fi les armes ne feront point chargées; on fera exécuter enfuite les manœuvres fuivantes, que le Commandant fera commander par l'Of-ficier qu'il jugera à propos, s'il ne les commande pas lui-même.

DÉFILER PAR UN, DEUX, QUATRE.

I.re MANŒUVRE.

Comme à la première manœuvre pour une compagnie.

DOUBLER LES RANGS ET SE REFORMER

PAR COMPAGNIE.

II.me MANŒUVRE.

Comme aux deux premiers commandemens de la deuxième manœuvre pour une compagnie & toute la onzième manœuvre de ce même titre.

La tête de chaque compagnie attendra pour marcher que fa queue l'ait rejointe : la première compagnie de

l'efcadron fera halte, jufqu'à ce que les autres l'aient rejointe au trot, n'ayant entr'elles que l'intervalle néceffaire
pour fe mettre en bataille; le premier efcadron d'un regi-
ment fera halte de même, jufqu'à ce que les autres foient
arrivés au trot; le Commandant du fecond efcadron devant
réferver, outre les douze pas néceffaires pour placer la
divifion qui le fuit, vingt-quatre autres pas pour l'intervalle
d'un efcadron à l'autre.

Dans une marche de nuit, on continueroit à défiler
au pas ou au trot, jufqu'à ce que l'on eût joint la divifion
qui précède.

IIIme
MANŒUVRE.

DES A DROITE ET A GAUCHE
PAR COMPAGNIE.

Comme à la huitième manœuvre pour une compagnie.

Les Cavaliers du fecond rang auront attention à garder
leurs Chefs-de-file.

IVme
MANŒUVRE.

DES A DROITE ET A GAUCHE
PAR COMPAGNIE SUR LE CENTRE.

Comme à la neuvième manœuvre pour une compagnie.

Vme
MANŒUVRE.

DES A DROITE ET A GAUCHE
PAR DEUX COMPAGNIES.

1.er
Commandement.

Prenez garde à vous.
Par deux compagnies, à droite.
Marche.

La file de la droite de la première compagnie de l'efcadron foûtiendra, & la file de la gauche de la troifième
marchera: la file de la droite de la quatrième foûtiendra,
& la file de la gauche de la deuxième marchera; le tout
s'arrêtera au commandement *Halte.*

2.me

Prenez garde à vous.
Par deux compagnies, à gauche.
Marche.

La

La file de la gauche de la troifième compagnie foûtiendra, & celle de la droite de la première marchera : la file de la gauche de la deuxième foûtiendra, & la file de la droite de la quatrième marchera ; le tout s'arrêtera au commandement *Halte.*

3.me
Commandement.

Prenez garde à vous.
Par deux compagnies, demi-tour à droite.
Marche.

La file de la droite de la première compagnie foûtiendra, & celle de la gauche de la troifième marchera ; la file de la droite de la quatrième compagnie foûtiendra, & celle de la gauche de la deuxième marchera : on fera la demi-converfion, & l'on s'arrêtera lorfqu'on fe retrouvera aligné avec le refte de l'efcadron, faifant face du côté oppofé.

4.me

Prenez garde à vous.
Par deux compagnies, demi-tour à gauche.
Marche.

La file de la gauche de la troifième compagnie foûtiendra, & celle de la droite de la première marchera ; la file de la gauche de la deuxième compagnie foûtiendra, & celle de la droite de la quatrième marchera : on fera la demi-converfion, & on s'arrêtera comme il eft dit ci-deffus.

DES A DROITE ET DES A GAUCHE
PAR ESCADRON.

VIme
MANŒUVRE.

1.er
Commandement.

Prenez garde à vous.
Par efcadron, à droite.
Marche.

La droite de l'efcadron foûtiendra, la gauche marchera.

Lorfque le Commandant de l'efcadron jugera que le quart de converfion fera fini, il dira : *Halte ;* & l'efcadron s'arrêtera.

O

2.
2.me
Commandement.

Prenez garde à vous.
Par escadron, à gauche.
Marche.

La gauche soûtiendra, la droite marchera, & s'arrêtera au commandement *halte.*

3.me

Prenez garde à vous.
Par escadron, demi-tour à droite.
Marche.

La droite soûtiendra, & la gauche marchera, & ne s'arrêtera que lorsqu'après la demi-conversion elle se trouvera alignée avec les autres escadrons.

4.me

Prenez garde à vous.
Par escadron, demi-tour à gauche.
Marche.

La gauche soûtiendra, la droite marchera, & s'arrêtera comme au troisième commandement.

On répétera cette manœuvre en marchant au trot très-légèrement, faisant les mêmes commandemens ; & à la fin de chaque mouvement, on dira ; *En avant, Marche...* *au trot.*

Toutes les manœuvres de la Cavalerie étant dérivées de celles qui précèdent, on cessera de répéter les commandemens dans celles qui suivent.

VIIme
MANŒUVRE.

UN RÉGIMENT ÉTANT EN COLONNE PAR COMPAGNIE,

SE METTRE EN BATAILLE EN AVANT.

LA première compagnie se portera légèrement huit pas en avant, pendant que celle qui suit fera à gauche par compagnie, & tout de suite à droite par compagnie pour se former à la gauche de la première : toutes les autres continueront à marcher devant elles, jusqu'à ce que

chacune étant arrivée où celle qui la précède a fait à gauche, elle n'ait plus que l'espace nécessaire pour exécuter
ce mouvement; & elle fera ensuite à droite par compagnie, lorsque son premier rang sera arrivé à la hauteur
de la gauche de la compagnie qui la précède.

SE ROMPRE ET MARCHER A DROITE
PAR COMPAGNIE.

VIII.me
MANŒUVRE.

CETTE manœuvre s'exécutera par un à droite par
compagnie.

SE REMETTRE EN BATAILLE SUR SA GAUCHE.

IX.me
MANŒUVRE.

DE même par un à gauche par compagnie.

SE ROMPRE ET MARCHER A GAUCHE
PAR COMPAGNIE.

X.me
MANŒUVRE.

LA première compagnie ayant marché six pas en avant,
fera à gauche par compagnie; celle qui est à sa gauche
marchera aussi droit devant elle, & fera le même mouvement, & ainsi des autres; avec cette attention, que
chaque compagnie marchera dès que celle qui la précède
fera vis-à-vis la file de sa gauche

SE REMETTRE EN BATAILLE SUR SA DROITE.

XI.me
MANŒUVRE.

LA première compagnie fera à droite par compagnie
& marchera six pas en avant; celle qui suit marchant
toûjours droit devant elle, fera de même à droite par
compagnie dès que son premier rang sera à la hauteur
de la file de la gauche de la compagnie qui la précède;
& ainsi des autres qui marcheront de même devant elles,
jusqu'à ce que leur premier rang soit à la hauteur de la
gauche de la compagnie qui les précède.

SE ROMPRE ET MARCHER EN AVANT
PAR COMPAGNIE.

XII.me
MANŒUVRE.

LA première compagnie marchera droit devant elle;
les autres compagnies feront à droite par compagnie, &

quand elles feront arrivées à la même hauteur que la première, elles la fuivront en faifant un à gauche par compagnie.

On fera remettre le régiment en bataille en avant, comme à la feptième manœuvre.

XIIIme MANŒUVRE.

SE ROMPRE PAR ESCADRON, ET METTRE
CHAQUE ESCADRON EN COLONNE PAR COMPAGNIE.

ON fera à gauche par efcadron, enfuite à droite par compagnie.

XIVme MANŒUVRE.

SE REMETTRE EN BATAILLE.

ON fe remettra fimplement en bataille en faifant à gauche par compagnie, & à droite par efcadron; mais pour fe remettre fur le même terrein, on fera à droite par compagnie, enfuite à droite par efcadron, & on fe remettra par un demi-tour à droite par compagnie.

XVme MANŒUVRE.

PASSER ET REPASSER LE DE'FILE'.

QUAND on voudra paffer le défilé en avant, on commencera par faire paffer la troupe qui fe trouvera vis-à-vis le défilé, & les autres de droite & de gauche pafferont fucceffivement pour fe reformer dans le même ordre au delà du défilé.

Pour repaffer le défilé, on commencera par les compagnies des aîles, & celle qui fera vis-à-vis le défilé paffera la dernière.

Si le défilé ne pouvoit contenir une compagnie de front, on paffera par demi-compagnie; de même que s'il étoit plus large, on pafferoit deux compagnies à la fois.

XVIme MANŒUVRE.

RETRAITE.

ON fera marcher en avant la première & la quatrième compagnie de chaque efcadron, pour former une première ligne à cent ou cent cinquante pas de la feconde.

Cette

Cette première ligne fera alors demi-tour à droite par compagnie, & marchera au grand trot jufqu'à cent pas au moins, derrière la feconde ligne, où elle fe remettra par le même mouvement.

La feconde ligne ne fe mettra en mouvement que quand la première fera à fa hauteur; elle marchera alors dix pas en avant, fort lentement; & après que la première ligne aura fait face en tête, celle-ci fera demi-tour à droite par compagnie, pour fe porter au trot cent pas au moins derrière la première.

On répétera plufieurs fois cette manœuvre, en faifant retirer alternativement l'une des lignes derrière l'autre.

Pour fe remettre en bataille, les première & quatrième compagnies de chaque efcadron étant en avant, on fera rentrer dans leurs intervalles les troifième & deuxième, & ferrer les efcadrons fur le centre de chacun, s'ils étoient trop ouverts.

BORDER LA HAIE POUR UNE REVUE.	*XVII.*me *MANŒUVRE.*

Comme à la feizième manœuvre pour une compagnie.

SE REMETTRE SUR DEUX RANGS.	*XVIII.*me *MANŒUVRE.*

Comme à la dix-feptième manœuvre pour une compagnie.

Lorfqu'on voudra faire manœuvrer le régiment fur trois rangs, avant de le mener fur le terrein on le fera former, ainfi qu'il a été dit à la fin des manœuvres pour une compagnie, & on pourra lui faire exécuter toutes les manœuvres ci-deffus, à commencer de la cinquième, obfervant que tout ce qui eft indiqué pour une compagnie, fe faffe par deux compagnies, n'étant pas poffible que les efcadrons formés fur trois rangs, fe rompent par compagnie.

L'exercice étant fini, le régiment retournera au lieu où il s'étoit affemblé, le Lieutenant commandé pour l'efcorte des étendards l'y raffemblera, commençant par la première compagnie jufqu'à la dernière; après quoi, on fera mettre le fabre à la main à tout le régiment, & l'efcorte repaffera à la droite pour conduire les étendards chez le Commandant du régiment, dans le même ordre qu'on les a amenés; enfuite chaque compagnie fera ramenée par l'Officier qui la commandera, comme il a été dit à la fin des manœuvres pour une compagnie.

DES MANŒUVRES

POUR UNE TROUPE DE CINQUANTE MAISTRES.

LES troupes de cinquante Maîtres étant deftinées à aller en détachement, ou à être poftées en garde ordinaire, il eft néceffaire que les Officiers & les Cavaliers foient inf-truits des manœuvres auxquelles elles doivent être em-ployées.

Pour cet effet, on fera alternativement divifer le régi-ment en plufieurs troupes de cinquante maîtres, auxquelles on attachera un Capitaine, deux Lieutenans & un Maré-chal-des-logis.

Formation de cette troupe. CHACUNE de ces troupes fera compofée (outre les Officiers ci-deffus) de deux Brigadiers, quatre Carabiniers, un Maréchal, un Trompette & quarante-deux Cavaliers.

Ils fe placeront tous fur un rang, les Cavaliers de cha-que compagnie étant enfemble.

Le Capitaine fera l'infpection des hommes, des chevaux & des armes.

Il fera enfuite marcher en avant les Brigadiers & Ca-rabiniers, & derrière eux la moitié des Cavaliers de cha-que compagnie, pour que tous les Cavaliers d'une même compagnie ne foient pas au premier rang; & il formera enfuite fa troupe dans l'ordre fuivant.

Première Divifion.

Un Brigadier à la droite, cinq Cavaliers à fa gauche.

Second rang: un Carabinier à la droite, cinq Cavaliers à fa gauche.

Deuxième Division.

Cinq Cavaliers, un Carabinier à leur gauche.
Second rang: six Cavaliers.

Troisième Division.

Un Carabinier, cinq Cavaliers à sa gauche.
Second rang: six Cavaliers.

Quatrième Division.

Cinq Cavaliers, un Brigadier à leur gauche.
Second rang: cinq Cavaliers, un Carabinier à leur gauche.

Chaque division sera aux ordres de son Brigadier ou Carabinier.

Le Capitaine se placera au centre en avant entre la deuxième & la troisième division; le premier Lieutenant à sa droite, entre la première & la deuxième division; le second Lieutenant à sa gauche, entre la troisième & la quatrième division, & le Maréchal-des-logis derrière le centre.

DÉFILER PAR UN, DEUX, TROIS.

I.re MANŒUVRE.

CHAQUE division étant censée une troupe séparée, lorsqu'on fera défiler par un, deux, trois, toute la première division défilera de suite, & sera suivie par la deuxième.

SE REFORMER.

II.me MANŒUVRE.

CHAQUE division se formera d'abord sur deux rangs, la première ayant attention de faire halte pour attendre les autres; après quoi elles formeront la troupe en avant, observant ce qui est expliqué à la deuxième manœuvre pour un régiment.

DES A DROITE ET A GAUCHE
PAR DEMI-TROUPE.

III.me MANŒUVRE.

ON fera des à droite, des à gauche, des demi-tours

à droite, & des demi-tours à gauche par deux divifions ou demi-troupe.

<table>
<tr><td>IVme
MANŒUVRE.</td><td><h3>DES A DROITE ET A GAUCHE</h3> PAR DEMI-TROUPE SUR LE CENTRE. </td></tr>
</table>

ON fera à droite, à gauche, demi-tour à droite & demi-tour à gauche fur le centre par demi-troupe.

<table>
<tr><td>Vme
MANŒUVRE.</td><td><h3>DES A DROITE ET A GAUCHE</h3> PAR TROUPE. </td></tr>
</table>

ON répétera les mêmes mouvemens par troupe entière.

<table>
<tr><td>VIme
MANŒUVRE.</td><td><h3>DÉTACHER UNE AVANT-GARDE.</h3></td></tr>
</table>

ON fera marcher le Lieutenant en avant avec la divifion de la droite, dont les Cavaliers porteront le moufqueton haut : cette avant-garde fe tiendra toûjours à cent pas au plus de la troupe, & aura devant fon front les Cavaliers néceffaires pour éclairer fa marche.

Pour rejoindre la troupe, cette avant-garde fera à droite, marchera en avant jufqu'à ce qu'elle ait dépaffé la place qu'elle doit occuper dans la troupe : après un fecond à droite, elle continuera de marcher en avant, & quand fon premier rang fera à la hauteur du dernier rang de la troupe, elle reprendra fa place par un demi-tour à droite.

<table>
<tr><td>VIIme
MANŒUVRE.</td><td><h3>DÉTACHER UNE ARRIÈRE-GARDE.</h3></td></tr>
</table>

LE fecond Lieutenant demeurera cent pas au plus derrière la troupe avec la divifion de la gauche, & fe fera fuivre de deux Cavaliers à trente pas de lui ; cette arrière-garde fera de même haut le moufqueton.

Il rejoindra la troupe en marchant en avant lorfqu'il en recevra l'ordre, & y reprendra fa place.

PLACER

PLACER UN PETIT CORPS-DE-GARDE.

Le Capitaine ira lui-même poſter ſon petit corps-de-garde, compoſé d'une des diviſions de ſa troupe, & placera les vedettes qui devront entourer, non ſeulement le petit corps-de-garde, mais même ſa troupe.

Ce petit corps-de-garde ſera relevé alternativement par chaque diviſion, & le Maréchal-des-logis marchera avec chacune des deux diviſions du centre.

SE RETIRER.

Lorsqu'une garde ordinaire ſera obligée de ſe replier ſur le camp, le Capitaine ordonnera au premier Lieutenant de faire faire une demi-converſion à droite aux deux diviſions de la droite, & cependant il fera marcher les deux diviſions de la gauche quelques pas en avant pour ſoûtenir les autres pendant qu'elles feront leur mouvement & qu'elles ſe porteront au trot en arrière, où elles ſe remettront en bataille; après quoi les deux diviſions de la gauche ſe replieront au trot pour aller rejoindre celles de la droite, faiſant les mêmes mouvemens par la gauche.

Le Capitaine pourra ordonner enſuite au ſecond Lieutenant de faire faire le demi-tour à gauche aux deux diviſions de la gauche; alors il marchera quelques pas en avant avec les deux diviſions de la droite qui ſe replieront enſuite par leur droite, faiſant face alternativement.

Si on vouloit ſe retirer avec un nombre un peu conſidérable de troupes de cinquante maîtres, on les mettra ſur deux lignes, & on ſuivra ce qui eſt preſcrit à la ſeizième manœuvre pour un régiment; obſervant que lorſqu'on fera la demi-converſion, ce mouvement ſe fera par diviſion, pour le rendre plus prompt & pour approcher ſon flanc moins près de l'ennemi.

Après les manœuvres finies, les Officiers & Cavaliers qui y auront été employés retourneront à leurs compagnies.

DES SIGNAUX.

Lorsque dans un exercice on voudra commander à un affez grand nombre d'efcadrons ou de troupes, pour que la voix ne puiffe pas fe faire entendre au total, on fe fervira des fignaux ci-après; & on aura foin d'exercer la Cavalerie à en faire ufage, afin qu'elle ait une connoif-fance parfaite des mouvemens qu'ils indiquent.

Un appel fera deftiné à prévenir qu'on va faire quelque mouvement ; & à ce fignal chaque Commandant dira : *Prenez garde à vous.*

Lorfqu'il fera fuivi immédiatement par la marche, on marchera en avant, le Commandant difant : *Marche.*

Lorfqu'après le premier appel on fonnera un *ton bas*, le mouvement fe fera par compagnie ou par demi-troupe de cinquante maîtres, & le Commandant dira : *Par compagnie* ou *par demi-troupe.*

Si on fonne deux *tons bas*, le mouvement fe fera par deux compagnies, & le Commandant dira : *Par deux compagnies.*

Si on ne fonne point de *tons bas*, le mouvement fe fera par efcadron ou par troupe entière.

Les demi-appels indiqueront l'efpèce du mouvement : un demi-appel fignifiera un quart de converfion à droite, deux demi-appels un quart de converfion à gauche, trois demi-appels une demi-converfion à droite, quatre demi-appels une demi-converfion à gauche ; alors le Commandant dira : ou *à droite* ou *à gauche, faites un quart de converfion*, ou *demi-tour à droite* ou *demi-tour à gauche*. Il ne dira *marche* que lorfqu'enfuite on fonnera la *marche*; & alors on fe mettra en mouvement pour exécuter enfemble la manœuvre indiquée.

Si les troupes de la queue d'une colonne ne peuvent suivre la tête, ou qu'elles soient obligées de s'arrêter, on fera sonner un appel qui sera répété jusqu'à la tête, d'escadron en escadron : alors la tête fera *halte*. Lorsque la queue aura rejoint, ou qu'elle n'aura plus de raison pour faire *halte*, elle fera sonner un couplet de la *marche* qui sera répété par un Trompette de la tête de chaque escadron ; après quoi la tête de la colonne se remettra en marche : il sera cependant détaché un Officier pour avertir celui qui commandera la colonne, du sujet pour lequel on se sera arrêté.

Veut & entend Sa Majesté, que toutes ses troupes de Cavalerie, tant françoise qu'étrangère, se conforment avec la plus grande exactitude à ce qui est porté dans la présente ordonnance : Enjoignant aux Commandans des corps de ne permettre ni souffrir qu'il y soit rien changé, augmenté ou retranché, en quelque manière & sous tel prétexte que ce soit ; & faisant très-expresses inhibitions & défenses aux Majors des régimens ou autres Officiers qui commanderont les exercices, de faire exécuter aucuns temps ni mouvemens autres que ceux qui y sont prescrits ; dérogeant Sa Majesté à toutes ordonnances à ce contraires.

Mandant Sa Majesté à Monf. le Prince de Turenne, Colonel général de sa Cavalerie, & au sieur Marquis de Bethune, Meftre-de-camp général de ladite Cavalerie, de tenir la main à l'exécution de la présente ordonnance.

Mande & ordonne Sa Majesté aux Généraux de ses armées, aux Gouverneurs & Lieutenans généraux commandans en ses provinces, aux Inspecteurs généraux de sa Cavalerie, aux Meftres-de-camp &

autres Officiers de ses régimens de Cavalerie, aux Commandans de ses villes & places où ces régimens seront en garnison ou en quartier, & à tous autres ses Officiers qu'il appartiendra, de tenir pareillement la main à l'exécution de la présente, chacun en ce qui les concerne. F A I T à Versailles, le vingt-deux juin mil sept cent cinquante-cinq. *Signé* L O U I S. *Et plus bas,* M. P. DE VOYER D'ARGENSON.

GODEFROI-CHARLES-HENRI DE LA TOUR D'AUVERGNE, Prince de Turenne, Grand Chambellan de France en survivance, Colonel général de la Cavalerie, tant françoise qu'étrangère.

VÛ l'Ordonnance du Roi, du 22 juin 1755, par laquelle Sa Majesté a réglé définitivement l'Exercice de sa Cavalerie, à nous adressée avec ordre de tenir la main à son exécution ; MANDONS à monsieur le Marquis de Bethune Mestre-de-camp général de la Cavalerie, de tenir la main à l'exécution de ladite ordonnance : Ordonnons à tous Brigadiers, Mestres-de-camp & Commandans de Cavalerie, de faire observer & exécuter ponctuellement la volonté de Sa Majesté, mentionnée en ladite ordonnance, laquelle dite ordonnance sera lûe & publiée à la tête des régimens de Cavalerie, par les Commissaires des guerres qui en ont la police. F A I T à Paris le vingt-deux juin mil sept cent cinquante-cinq. *Signé* LE PRINCE DE TURENNE. *Et plus bas,* Par Monseigneur, GAULTIER.